福島県の スキー文化

星 一彰

kazuaki hoshi

歴史春秋社

▲猪苗代スキー場

▼尾瀬沼滑走

故郷（南会津）

▲クロスカントリースキーによる雪上自然観察会（裏磐梯）

▲雪上自然観察会（上級班・裏磐梯）

▲米沢スキー場（山形）

▲台鞍山スキー場（南会津）

▲高湯スキー場（福島）

▲札幌オリンピック（コース案内）

▲札幌オリンピック（50 キロ優勝者）

▲雪上自然観察研修会(裏磐梯3月末・積雪2メートル)

▲沼尻スキー場（猪苗代）

▲沼尻スキー場（猪苗代）

▲国体スキー初入賞（北海道・富良野）

▲ 幻の沼発見（裏磐梯）

▲ 熊棚（吾妻連峰・二十日平）

▲森林生態系保護地域設定調査（吾妻連峰）

雪上自然観察

▲雪上観察会風景

アニマルトラッキング

　動物を観察する恰好の場所は雪上です。普段なかなか見ることのできない動物も、雪上に残された痕跡（フィールドサイン）をたどれば、彼らの生活が手に取るようにわかります。雪が深い時にはクロスカントリースキーを履いて歩いてみましょう。

▲ノウサギの足跡

けものの足跡探し

　足跡のほかにも食べ痕やふん尿、行動などを総合的に観察して、何の動物かを調べてみましょう。

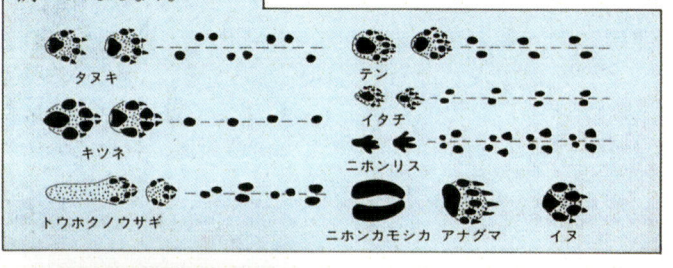

タヌキ　　テン　　イタチ

キツネ　　ニホンリス

トウホクノウサギ　　ニホンカモシカ　アナグマ　イヌ

◀トウホクノウサギ（幼）

▲ノウサギの食こん

▲ 福島県自然保護協会資料より

雪上自然観察のポイント

▲左からトチノキ・タムシバ・ホオノキの冬芽

冬芽は寒さや乾燥を防ぐためにいろいろな工夫をしています。粘液を出すトチノキ、毛皮のコート？を着たタムシバ、大きな鱗片に包まれたホオノキなど。そのほかにオオカメノキやムラサキシキブのように裸のままの芽（裸芽）というものもあります。

▲ヤドリギ

寄生性の小低木。種子に粘液があり、鳥により散布されます。モノトーンの冬景色の中にあって青々としたヤドリギはよく目立ちます。

▲ツキノワグマのツメ跡

熊が秋に木登りをして木の実を食べた時の跡でしょうか、それともなわばり主張のために付けられたものでしょうか。

▲カモシカのフン

カモシカやタヌキは一定の場所にふんをする習性があり、これを溜めふんと言います。一般に草食動物は丸いふんをします。

▲霧氷

冷え込みの厳しい日に空気中の水分が凍って樹木に張り付き、霧氷ができます。青空とのコントラストが美しく、雪国ならではの自然の造形。

▲福島県自然保護協会資料より

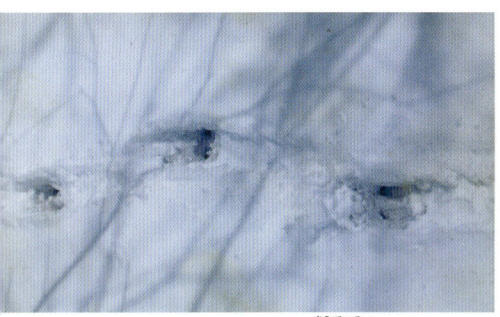

▲ニホンカモシカ（偶蹄類）の足跡

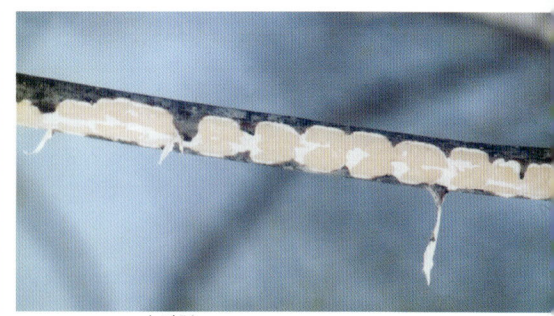

▲ニホンザルの食痕

▲県高校スキー県北大会優勝盾
　男子継走　男子長距離
　（福島県立福島高等学校）

▲裏磐梯（毘沙門沼）

▼前国王クロスカントリースキーの勇姿
　（ノルウェー・ホルメンコーレン）

▲国民体育大会冬季大会スキー競技会（国体スキー）
　選手として参加（全６回）・参加章

年　代	回　数	場　　所	県立勤務高等学校
1959年	第14回	山形県（米沢）	川口高等学校
1960年	第15回	長野県（山の内）	田島高等学校
1963年	第18回	宮城県（鳴子）	田島高等学校
1967年	第22回	青森県（大鰐）	会津高等学校
1975年	第30回	北海道（富良野）	福島高等学校
1976年	第31回	富山県（大山）	福島高等学校

▲会津若松（城西町）

▲会津若松（城西町）

▲平地滑走、故郷（南会津）

▲故郷（南会津）

背炙山スキー場（会津若松）

▲全日本学生スキー選手権大会開会式（宮城・鳴子）

▲長距離出場

▲滑降出場

▲県体スキー優勝

▲県体スキー 10 連勝（猪苗代）

▲パスカング（推進滑走）

▲国体スキー初出場（山形・米沢）　　▲国体スキー（宮城・鳴子）

▶国体スキー
　（青森・大鰐）

▲福島県スキー連盟夏季強化合宿（猪苗代・沼尻）

▲国体スキー福島県選手団（青森・大鰐）

▲全国高校スキー大会出場（青森・大鰐）

▲会津高等学校スキー部

▲全国高校スキー継走のタッチ（新潟・高田）

▲高校スキー部夏合宿（会津駒が岳）

▲クロスカントリースキーによる雪上自然観察会
　（裏磐梯・研修会 33 年間継続実施）

▲沼尻スキー場（ファミリースキーのスタート）　▲猪苗代スキー場

◀アルペンスキー（フラン
ス派リュアード〈蹴り〉）

▶アルペンスキー　（大回転）

福島県の
スキー文化

はじめに

奥会津の雪国、福島県南会津郡桧沢村（現南会津町）で、生まれ育ったので、歩きはじめた時からスキーに乗っていたように記憶している。木製のスキーに足を入れる皮がついている極めて簡単なもので、家の周辺の平地（水田）で、平地滑走する程度であったようだ。小学校（2年時から国民学校）や旧制中学校（会津若松の会津中学校）では、日常生活にスキーを取り入れて、楽しんでいた。そのころは競技スキーには関係していなかった。

高等学校（福島県立会津高等学校・市内表町）時代は山岳部に所属し、会津の山々に登ることに興味を示し、飯豊山などの残雪や、周辺の緑の環境を楽しみながら、歩行するだけだった。

競技スキーに興味を示したのは、大学（東京教育大学）のスキー部に所属してからだ。

競技スキーは、ヨーロッパのアルプス地方で発達したアルペン種目（滑降、回転、大回転など）と北欧の丘陵地帯で発達したノルディック種目（距離、継走、複合、飛躍など）があり、日本では、そのすべての種目が競技用として採用されている。

私は特にノルディック種目の距離競技（クロスカントリー

スキー）に関係してきた。

　ファミリースキーとしては、アルペン用のスキーを使用して、ゲレンデスキーを楽しむのが常であった。

　長い年月にわたるスキーとの関わりから、スキー文化について考えるようになってきた。狭いごく限られた経験かも知れないが、福島県のスキー文化という大きなタイトルで、スキーについての考察を加えてゆきたい。

　各人の思想とその人だけの音色を伝える文体は不滅といわれているが、何か個性豊かな表現ができ、読者の人生に大きな示唆を与えることができたらと考えながら記述してゆきたい。

　雪国のふるさとは、現在、水資源確保上、極めて有利でありがたい場所である。そして、文化とは人間が自分の生と死を思う時の原点となるふるさとと深く結びついているものにほかならない。ふるさとの自然が身体に浸透するような人間に成長することが望まれるのである。

　さらに、雪は人間に忍耐の心を育てるといわれている。雪を通しての精神文化のようなものを考察できたらとも思う。ものの見方や感じ方を作るのは、生まれ育ったところの気候風土であろう。

　福島県は全国で北海道、岩手県についで3番目に広い県であり、その植生も照葉樹林帯から落葉樹林帯、そして亜高山帯の針葉樹林帯、さらに積雪量や季節風による偽高山帯、東

北最高峰の燧が岳（2,356 メートル・桧枝岐村）の高山帯と、実に複雑である。雪国といわれるのは主として会津地方であるが、中通りや浜通りにも降雪があり、スキーを楽しんできた地域は福島県内全域に及ぶ（福島県内を浜通り、中通り、会津と3つの地域に分けている）。特にいわゆるスキーブームとされた時代には、雪国はあこがれの地域でもあった。

　福島県のスキー文化について、会津地方が中心になり、そして個人的な記述も大分多くなっているが、次に論述を展開したい。

東北最高峰・燧が岳

目　　次

はじめに …………………………………… 24

新潟県高田・日本のスキー発祥地 ………………… 28

奥会津・雪国 ……………………… 33

会津若松 ……………………… 37

全日本学生スキー選手権大会 ………………… 41

福島県体スキー国体スキー参加 ………………… 49

高校スキー大会 ………………………………… 53

高体連スキー教室 ……………………… 64

雪上自然観察会 ……………………… 69

雪国教師の生活 ……………………… 81

ファミリースキー ……………………… 91

おわりに ……………………………… 94

参考文献 ……………………………… 96

著者略歴 ……………………………… 97

新潟県高田・日本のスキー発祥地

日本のスキーは、1911 年（明治 44）が始まりとされる。この年の 1 月 12 日、新潟県高田で、オーストリアのレルヒ少佐により、日本陸軍の「第 13 師団」へのスキー講習会が開催された。この時は今でいうアルペンの滑降で、1 本つえのスキーだった。その後、競技や子供たちの運動として広まった。

現在、当地では毎年「レルヒ祭」が金谷山スキー場で開催されており、日本スキー発祥記念館も建っている（新潟県上越市広報誌より）。

また、「世界一住みよい国」といわれるノルウェーのホルメンコーレンにあるスキー博物館を訪問したのは、1994 年（平成 6）8 月であった。スキーのノルディック種目の発祥地であり、博物館には、用具の変遷、スキーに関連する生活史など 4000 年のスキー文化に関する品が展示され、この国でスキーが果たしている役割を理解することができた。

スキー博物館には、特に私が関係してきた昭和初期のスキー用具の展示などもあり、うれしかった。特に懐かしいブラッドレー（スキーワックスの一種）の展示などもあった。

福島県では雪国は会津ということになるが、スキー文化の発

達などを記録した博物館のようなものの必要性を痛感させられた。現在、県内にはそのメモリアル的な存在は皆無である。日常生活にスキーが入り込んいない現実が、この傾向に拍車をかけているようだ。例えば全世界的な問題となっている環境問題（自然保護問題）などと関連させて雪上自然観察会運動を発展させることによって、日常生活と結びつけることが望まれるのである。

現在のアルペンスキー中心の流れを変え、ノルディック中心のスキー文化を考えることによって、スキー場建設による自然破壊なども姿を消すことになるであろう。21 世紀に入り日本でこのような傾向があらわれてきたので将来が楽しみだ。

福祉国家であるノルウェーでは、現在、スキージャンプ台があちこちに見られ、ノルディックスキーの底辺拡大が考えられる。底辺拡大によって頂点が高まる事実は、教育学の原理としてよく知られている。

福島県の競技スキーは、主として中等学校（現高等学校）スキーとして発展してきた。特に会津中学校（現会津高等学校）では、1924 年（大正 13）にスキー部が設置され、1928 年（昭和 3）2 月明治神宮大会第 1 回スキー競技大会に福島県代表として出場した（新潟県高田市金谷山スキー場）。種目は距離（クロスカントリースキー）だった。

1930年（昭和5）には福島県の第1回中等学校スキー大会が開催され、会津中学校は4キロ、2キロ滑降、15キロ距離、16キロ継走（4名）すべて優勝した。その後、福島県内では連続総合優勝となっている（『会津高等学校100年史』、1991年）。

私が旧制会津中学校に入学した年度（1947年2月）にも総合優勝している。当時は第2次世界大戦直後でもあり、登校時に会津若松駅から優勝旗をかかげて、市内を行進し、学校玄関前で凱旋歌（強者ら……）を高らかにがなりちらしていた。中学1年登校時、下宿先の大町四之町室井照平商店（現在、4代目が会津若松市長を務めている）から学校までその行進を観察することができた。当時のスキー部はほとんど猪苗代方部出身者のため多勢の行進（？）であった。なお、会津中学校は総合優勝したが、喜多方中学校とわずか1点差であり、その1点は猪苗代町出身の1年の同級生が獲得したものだった。

現在は、高等学校スキー競技会として発展しており、高等学校のレベルが向上したため、多くの高校が優勝している。特に地元・猪苗代高等学校が優勝することが多くなっている。

1968年（昭和43）高田（現上越市）金谷山スキー場で開催された全国高校スキー競技会（インターハイ）には、会津高等学校として距離、継走（4名）、飛躍などに参加、日本

のスキー発祥地での参加は特別な思いであった。私はノルディック種目の距離で福島県の監督を務めることができた。その後、福島県スキー連盟の強化委員となり、福島県全体の距離競技のレベルアップに協力してきた。

オリンピックなど記録を競うスポーツ（記録スポーツ）の近代化に限界が感じられる現在、21世紀のスポーツの理想に近いのは、山林を走るノルディックスキーのクロスカントリーであろうといわれるようになってきた。クロスカントリーには、まだ自然との対話が残っている。ぜひ福島県で継続発展させたいものだ。

最後に1968年（昭和43）に発行の「会津高校学而新聞」（第105号）に、新潟・高田での全国高校大会出場の大会雑感として、私の文が記載されてあるので、その一部を紹介する。「スキー大会は、毎年のことながら感動的瞬間を実現し、人々に生きる勇気と希望を与え続けている。スキーこそ酷薄な北方の風土雪国の文化向上に役立つと考えられる。今大会では特にノルディック種目で大活躍した。

まず県大会で複合に優勝（昭和30年以来12年ぶり）、飛躍2位、継走3位、距離4位と3年ぶりに総合準優勝した。この尊い経験を大きなエネルギーとして、卒業後も各ジャンルで全力を集中し、努力を続けることであろう。

全国大会は、新潟県・高田で、この地は日本のスキー発祥地

であり、40 年前の昭和 3 年、旧制会津中学時代、第 1 回明治神宮スキー大会距離競技出場の地でもある。

このような歴史的あるいは伝統的なものをふまえて頑張った。1、2 年生のみのメンバーは全国大会にもまれであり、進学の問題など幾多の悪条件も乗り越え善戦、昨年の成績を更新した。

国体スキーは長野県白馬村で開催され、距離で 74 位、複合 21 位、飛躍で 14 位に食い込んだ。特に飛距離 65.5 メートルは将来に希望をもたらした。

今後も、学業と両立する体育的スキーとして着実に進むよう『孤独な戦い』を継続し、苦痛に耐えて走りぬく気力に対する尊敬と感動を大切にしたい」。

旧制中学からの伝統・会津高等学校スキー部

奥会津・雪国

　私が生まれた 1930 年代、ふるさとの桧沢村（現南会津町）では、子供達は下駄を履くようにスキーに乗っていた。私も長靴に木製のクロスカントリー用スキーのような村の大工さんが製作したスキーをつけ、裏山で遊んでいた。スキーは、雪国の子供達にとって大変魅力的で、熱中することが多かった。

　幼少の時、父親が遠く会津若松市で小学校の教師をしていたので、祖母に育てられたことがあった。水田の平地が割合に多かったので、山の傾斜地に雪がなくなっても、長時間平地滑走を楽しむことができた。推進滑走（パスカング走法）や段滑走など自然に習得していたようだ。会津若松市から帰った父母が、「スキーに熱中している息子の名を何回も大きな声で呼んだが、ちょっとふりかえって父母の顔を見て、すぐに遠くにパスカングなどで行ってしまった」と何回もくりかえしいわれた。親子はやはり寄りそって生活しないとまずいと反省したとか。私にとってスキーは、それだけ興味のもてる魅力的なものだったことが理解できると思う。そして 21 世紀になった現在も、クロスカントリスキーを楽しんでいる。

小学校には、時々スキーで行くこともあった。3月になると、夜間にはすごい低温となり、早朝学校に行く時は、いわゆる堅雪となり雪上はどこでも自由に歩くことができた。杉の葉を利用して急斜面を一気に降りるのは特に楽しかった。あまり熱中して学校を遅刻することもしばしばだった。

　校内スキー大会は、戦時中でもあり、3月10日の陸軍記念日に開催するのが常だった。雪上をただ走るように進む子供も多く、スキーのテクニックを発揮することが困難であった。上位入賞して、鉛筆など賞品として受け取ったこともよく記憶に残っている。

　裏山の遊びでは、ノウサギの足跡を見ることが多かった。捕獲しようと、通り道と予想した場所に、針金で作ったわなを餌のヤドリギとともにしかけたが駄目だった。現在考えるに、ウサギの目はあまりはっきり物を見ることができず、大きな耳を動かして、主として聴覚によって行動していることがつかまえることのできなかった要因と思われる。ウサギがヤドリギを行動中に確認することは、不可能だったのだ。子供達のアイデアは無駄だった。山はすっかり裸木で、冬空とヤドリギの緑が美しかった。キツツキ類が木の幹をたたきながら虫を食べる音が心地よく耳に残っている。

　実際にノウサギを捕獲したのは、高校の生物教師になった1956年（昭和31）だった。雪が残る桧枝岐の会津駒が岳（2,133

メートル）に出かけた際、村の人達がしかけたわなにかかっているのを見つけた。ノウサギは目がよく見えないので、通り道にしかけられたわなの中に頭と前足が入り、腹と後足が大きいので、抜けなかったようだ。もがくと輪は小さくなる。獲物は持ち帰って宿泊した桧枝岐の旅館の人に渡した。

　奥会津地方では、ウサギを家畜として飼育していた。春から秋までは食物が多く、クローバー類などの給餌は子供達の仕事とされてきた。冬になると飼料が不足し、乾燥した大根の葉など与えていたが、最後には、貴重な動物性たんぱく源として食べていた。毛皮は防寒用として利用していた。

　ヤマドリもスキーで多く見ることができた。雌雄ペアで歩きまわっており、近づくと一直線に飛翔する。年末の歳暮に贈答品として使用することが多く、おいしいヤマドリ汁が楽しみだった。1960年代までは会津若松市街地周辺にも多く生息し、会津高等学校では、一直線に飛翔し、ガラスを丸くくりぬき、さらに廊下のもう1枚のガラスをつきやぶって死ぬという場も観察できた。口先がするどく、雄の尾は長く美しく、尾瀬などに多い植物「ヤマドリゼンマイ」の語源となっている。

　南会津の実家には、現在、弟が住んでいる。弟の子供達（姉妹）が成長する頃は、近くに立派なスキー場（台鞍山スキー場）ができ、主としてアルペンスキーを楽しんでいた。中学

生時にスキー大会でラップ賞を獲得し、立派な賞品（アルペ
ンスキー一式）を受け取ったとローカル新聞に報道されたこ
ともあった。その後雪不足の年など、猪苗代スキー場が使用
不能となり、県高校スキー大会のアルペン会場になったこと
もある。

　雪国南会津郡は、広大な面積で積雪が多いが、東部と西部
に分けて区別していた。東部は下郷町と旧田島町で、割合雪
が少なかったが、西部は駒止峠奥の旧伊南村、明和村、館岩
村それに桧枝岐村、只見町で、日本有数の豪雪地となってい
る。冬期の郵便物や生鮮食品は、東部の静川郵便局と西部の
山口郵便局から、それぞれ郵送隊（季節労務者）をくり出して、
現在も存在する駒止峠の茶屋（宿泊施設）で荷物の交換をし
ていた。その後一時的に雪上車を使用し、事故が発生（雪上
車が谷底に転落）し、死亡者を出した（曽野綾子の短編小説
『只見川』、1977 年、文藝春秋）。そのため遠まわりの中山峠
を利用するようになった。現在は冬期間も道路を除雪し、年
間を通して車道を確保している。

　スキー競技も、猪苗代町が中心だったが、現在は雪の多い
南会津地方で実施されることが多くなり、スキー選手もアル
ペン、ノルディックとも南会津西部地方出身の選手が多くなっ
ている。飛躍台（ジャンプ台）はなく、大沼郡の川口で大会
が開催されることが多くなっている。

会津若松

　1945年（昭和20）8月第2次世界大戦が終結した。小学校（現実には、当時のドイツ国と同じように国民学校と呼称）6年だった私は、価値感の急激な変化、特に教科書に墨を塗らされた時は混乱した。軍国主義的な記述の多かった国語の教科書などは、ほとんど読む個所がなくなった。しかし、国敗れて山河ありで、子どもたちにとっては相変わらずの暑い夏、そして吹雪の寒い冬だった。

　スキーで裏山に登りスキーを楽しんだ。特に当時は家畜飼育のため、火入れをしていた傾斜地の草地は絶好のスキー場だった。「何が正しいのか、何が真実なのか」などと白い雪の中で考えることも多くなってきた。とにかく勉強しなければと考え、旧制の会津中学校に進学した。学校は故郷桧沢村から遠い会津若松市にあり、同市大町四之町の親類宅、室井照平商店に下宿した。当時、国鉄会津田島駅から若松まで約2時間。田島駅までは徒歩だった。

　旧制中学は1年間で、翌年は学校制度の変更で会津高等学校併設中学校となる。今日の中・高一貫校のように6年間同じ環境で生活することになる。しかし、この時期は、特に父親の影響から美術部、そして山岳部に所属し、スキーは故郷

（桧沢村）に帰った時に楽しむ程度であった。猪苗代方面出身者の多いスキー部の校庭でのトレーニングなどは、よく見聞きし、スキー文化について考えていたように思われる。

弟2人が会津高等学校に入学し、スキー部に所属、県高校スキー大会大回転などに出場していた。そして、社会人（学校教師）になってから県体スキー（県総合体育大学スキー競技会）の滑降競技で優勝したこともあった。弟の子どもたち（姉妹）は、会津若松市の中心部にある会津女子高等学校（現葵高等学校）のスキー部に所属した。また、姉は福島市の高湯で開催された県高校新人スキー大会の大回転で優勝したこともあり、妹は2002年（平成14）新潟県で開催された国体スキー（国民体育大会スキー競技会）の大回転に出場、悪天候のため少年女子での完走者は、福島県出場者で1人だけだった。父親が現地に応援に行き、家族みんなでのスキー生活であった。後年、結婚式の式場で、その勇姿を参集の皆様に紹介していた。真にスキー文化と表現できる雰囲気であろう。

私も後年、会津高等学校でスキー部の顧問を務め、主としてノルディック種目の指導にあたった。そして全国高校スキー大会などに参加した。

最後に、雪上自然観察会を含めた、会津の自然の利用策について、環境学習を中心に考えて国立磐梯青年の家（現国立

磐梯青少年交流の家）から 2002 年（平成 14）3 月に発行された『環境学習プログラム』に私が紹介した会津の自然についての記述の一部を次に記し、読者の参考にしたい。

「福島県会津地方は、広大な面積にわたって四季それぞれの変化に富む美しい自然に恵まれている。日本海側気候と太平洋側気候の接点地にあり、さらに北方系と南方系の接点地でもある。したがって、ここ磐梯地区は国立公園にも指定されており、河川湖沼も多く、日本の代表的な美しい景観地となっている。現在、世界が目指している教育プログラムの宝庫となっている。

ここ国立磐梯青年の家では、環境保全シンポジウム、環境教育入門、環境保護ボランティア、不思議体験、親子ふれあいシリーズ、スノーワールド in 磐梯、磐梯大自然塾などの多くの環境関係の事業を、大自然をフィールドとして展開してきた。

さらに会津地方は、周囲を高い山に囲まれた地形的に独立した場所となっているため、特異な歴史的風土ともなっている。今後は環境を生活文化の視点からもとらえることを考えていかなければならない。

大昔から、ここ会津の地域住民には、長い冬の寒気、夏の大暑に堪え忍ぶ郷里の経過から、性質鈍重で、変説や改編を恥として嫌う性質があった。明治維新の荒海のような波動た

だならぬ中で、唯一の誠実無比の禁裏の守護者として会津が終始不動の性格を示し得たのも、このような気候風土に加え、藩校・日新館の歴代の教育、旧来の一貫して動かぬものに養われたからと考えられる。現代的に解釈するなら開発・自然破壊に対する抵抗が会津藩であった。

会津戦争後、日本政府には『勝てば官軍』的な考え方が存在し、その後、大戦争に突入してしまった。会津戦争の検証や反省がきちんとなされていれば、太平洋戦争など回避できたのではないかとさえ思考されるのである。

このような歴史的精神風土にもふれながら、日本全体に共通する自然環境の基本的な問題を会津というフィールドで学んでほしい。

豊かな多様性に豊んだ野生動植物の存在は、生態系の健全性を示す指標であり、私たち人類の生存を確かにする基盤でもある」。

会津若松でのスキー生活

全日本学生スキー選手権大会

　1952年（昭和27）4月に東京教育大学農学部（現筑波大学生物資源学類）に進学したが、農学部は目黒区の駒場にあり、大学の本部は文京区大塚に、そして体育学部は代々木西原にあったため、スキー部の存在を知らないでほぼ1年が経過した。その間、一般教養の体育の実技を習得するため長野県菅平に行き体育の単位を修得した。菅平には東京教育大学の高原生物研究所もあった。

　緑の多い自然豊かな会津盆地での6年間の生活から、急に大都市東京の生活となり、なぜか雪の多い穏やかな静かな生活が懐かしく思い出された。

　年度末（1953年1月）にマスコミの報道によってスキー部の存在を知ることになった。東京教育大学スキー部のインカレ（全日本学生スキー選手権大会）の入賞を知り、2年時より東京教育大学スキー部に所属した。スキー部の主将が距離競技に入賞（2部）したのであった。

　さっそく2年時より陸上トレーニングなど開始した。計画的トレーニングは、単位修得の講義、特に農場実習などの関係から、西原の体育学部に土曜日の午後だけ行くことにした。体育学部のトレーニングはさすが専門的で、フィールド

で走っているすごいフォームの陸上選手が目立ったが、近づいた時よく見たら女子選手だった。その女子選手は当時の女子高跳びの日本記録保持者だった。

　スキー競技には、アルプスの山岳地帯で発達したアルペン種目と北欧の丘陵地帯で発達したノルディック種目とがあり、それぞれ歴史と伝統に輝く競技種目である。学生スキーではアルペン種目が滑降と回転、ノルディック種目が長距離と耐久、それに継走（リレー）と飛躍（ジャンプ）が採用されていた。どの種目に出場するかによって、トレーニングの方法が異なるため早急に参加種目を決定しなければならなかった。私は、幼少の頃から親しんできたノルディック種目の長距離種目に出場したかったが、比較的足が短いので不利だと自覚し、アルペン種目に出場することを考えた。スキー用具は、大変高価だったが会津若松市で購入し、長野県菅平の合宿トレーニングに参加した。参加した学生はすべて体育学部の学生で、他の運動部（陸上競技、柔道、バスケット、水泳など）のトレーニングがハード過ぎるので転部した学生集団であった。当時、バスケット部などは連続総合日本一のチームで、さぞやハードなトレーニングだったと考察される。合宿は経費がかさむので早々に切り上げて、ふるさと桧沢村の裏山（通称・かや刈り山）で、単独でトレーニングを試みた。

　1954年（昭和29）1月スキー部一行5名は北海道小樽の

インカレに出場した。先輩の世話で札幌の学芸大学（現北海道教育大学）の宿舎に入った。当時、交通事情は厳しく、国鉄会津田島駅を午前10時に出発し、札幌着は翌日の正午近くだった。青函連絡船は、後に台風のため沈没した洞爺丸で、船底の安い席は大きく揺れ動いた。札幌郊外の手稲山で練習したが、小樽までの汽車時間がもったいないと考え、小樽市内の旅館に移動した。大会には、長距離（15キロ）、耐久（30キロ）に体育学部4年のキャプテンが出場、私と長野県菅平出身の体育学部2年（後に全日本スキー連盟障害対策委員として活躍）の2人は滑降と回転に出場した。しかし前年度入賞したキャプテンは入賞を逃し卒業し、後に秋田県立高等学校の体育教師となり、全国高体連スキー部の理事長を務めた。私は滑降で36位（2部）、回転は途中棄権だった。

　当時は参加大学が少なく2部制（上位8チームが1部で9位以下は2部）で毎年入れ替えをしていた。この時、滑降2部で優勝したのが北海道大学の三浦雄一郎だった。足を開いて腕を大きく上げたあまり美しいフォームではなかったが転倒することなくゴールした。北海道大学2年生で卒業まで3連勝している。現在はプロスキーヤーとして有名で、高齢者でエベレストに登頂し話題にもなった。彼は青森県立高等学校出身で北海道大学に入学している。私も高校生の時、最初に北海道大学農学部を希望したが、「海を越えてゆくのだぞ」

という父の大反対の言葉であきらめたことがあった。さすが日本プロスキーヤー第1号の心意気には感心する。

　3年時は、青森県大鰐での第28回大会だった。前年度距離スキーで優勝した早稲田大学（1部）の選手が、小さな身体をばねのようにのばし、まるで4足で滑っている感じで、努力すれば速くなれると信じ、長距離（15キロ）への出場を決意した。しかし、ふるさと桧沢村（南会津）で練習に励んだが、残念ながら37位（2部）だった。これが距離スキー出場の最初だった。東京教育大学スキー部は私1人の出場で、朝宿舎で慶応大学スキー部が、当日出場する多数の選手を応援歌で送り出す様子など見聞し、非常にさびしく思った大会だった。

　最後のインカレは宮城県鳴子だった。滑降、長距離のどちらも同じレベルならと両種目を考え、2種類のスキーを持参して乗り込んだ。これが無理だった。まず滑降に出場した。鳴子の滑降コースは、日本有数の難コースで、途中には文字通り地獄坂という平均斜度44度、約300メートルの大きな壁がある。当日はセーフティービンディングなども皆無で、ゴールすると急に痛みを感じた。病院に直行すると、左足首骨裂傷と診断され、全治2か月だった。

　この大会を最後にアルペン種目には参加せず、ノルディック種目の距離競技（クロスカントリースキー）のみに出場す

るようになった。

　インカレの出場は、わずか３回で終了してしまったが、大学のＯＢの方々など親身にお世話をいただき大変感謝している。特に小樽での大会では、多くの方々にお世話いただき私にとって後でスキー文化のようなことを考える１つの大きな契機になったようだ。

　小樽の毛無山滑降コースでゴールした時、地元小樽潮陵高等学校のスキー部の顧問教師に声をかけられた。大学の先輩で、当時東京教育大学の学生が北海道入りするのはめずらしかったらしく、大歓迎していただき先輩の自宅に招待されたのであった。美しい奥様の手料理で「三平汁」などいただいたことが心に残っている。先生は高校で理科の生物を担当されており、後年私が県立高校生物担当教師として、会津地方のコウモリに関する研究で下中教育賞を受賞した時は、わざわざお祝いのたよりをいただいた。また猪苗代で全国高校スキー大会（インターハイ）が開催された時は、北海道選手団長として来福され、再会している。その後、北海道立高等学校の校長も務められ、北海道のスキー文化発展に貢献された方だった。

　北海道での大会に参加したスキー部マネージャーのおかげで大会が無事終了するはずであったが、宿舎を無料の札幌の学芸大学から小樽の旅館に変更したため、帰路の車中での食

料費がお互いに不足していることに気がついた。先輩に相談し、市内で大きなパン屋を経営している先輩から各種パンの提供を受けた。そして青森駅では、やはり先輩（青森県立高等学校長）から大量のリンゴを受け取ることができ、無事帰路につくことができた。さらに小樽を出発する時は、やはり先輩で、昔東京文理科大学時代に投手として活躍した小樽市保健体育課長（後に小樽女子短大）と奥様のお見送りをいただいた。

親身なお世話をいただいた一行5名は、その後、それぞれの立場で後輩スキー部の援助などに努め、そして各地でスキー文化発展のため、努力を集中したように思われる。

東京教育大学スキー部については、後年に送付されてきた「茗渓スキークラブ誌創刊号」（1960年創刊号のみ発行）によると、下記の通り2部でかなりの成績を残している。

○ 1950年（昭和25）1月秋田県大館スキー場　長距離（18キロ）第10位　途中スキーを片方折り、高校生から片方のスキーを借りて走った。

○ 1951年（昭和26）青森県大鰐スキー場　長距離（18キロ）第6位　継走（4人）第6位

○ 1952年（昭和27）1月岩手県花巻スキー場　長距離（18キロ）第5位、第8位　継走（4人）第2位

○ 1953年（昭和28）1月山形県米沢スキー場　耐久（33.6

キロ）第5位

　クラブ誌には、スキー部長（東京教育大学体育学部教授笠井恵雄）の"創刊に寄せて"と題した大変うれしい文章が記載されている。次に全文を記しておく。

　「スキーシーズンが始まり、スキーヤーや各大学のスキー部も活動を始めたようです。雪山に行ってなごやかなで、激しい部活動をはじめる前に、部員や先輩との団結や親しさを一層深める目的で『部報』を創刊するというのは、大変意義ある事です。

　いうまでもなく、スキーはただスピード感を味わい、白銀の美しさや男々しさに魅せられているだけでは足りません。また平素の緊張した生活から解放され、自由に楽しく偉大な自然に接し、自己を見つめる機会を持つだけでも勿体ないことです。

　このような心理的あるいは理性的な自己満足の他にスキー技術の探究を通して自己を鍛えながら、深くそして広い友情を育て、人間愛に徹する心境を培って欲しいと思います。

　人間一般を愛することは、自然を愛することにもなります。スキー部のみなさんが、この様な気持で山を愛し、人を愛する方々の集まりであることを信じています。

　心が清らかで、快活・友情に富んだグループこそ、我大学のスキー部であり、雪山にも美しい存在です。

謙譲で、礼儀正しい人こそスキーヤーの本領でしょうが、近頃は似非スキーヤーの多いのを、お互いに見聞きしますね。

　単にスキー技術を誇り、服装の華美を競い、他人に見せるためのスキー生活を追いかける人々が少なくなるように、我教育大学スキー部は祈り、身をもって範を示したいものです。

　ささやかな部報が、正しいスキーの普及と進歩に、いささかでも貢献することを切望して止みません」（笠井先生は、筑波大学体育科系長を務め筑波大名誉教授となられ、2005年93才で死去された）。

スキー博物館（ノルウェー・ホルメンコーレン）。
クロスカントリースキーは木製だった。

福島県体スキー国体スキー参加

　1956年（昭和31）、私は福島県立高等学校教師になった。県立川口高等学校（昭和分校）は、降雪が非常に多い地域だがスキー部は存在せず、降雪前からスキー競技（距離）に出場するため一人でトレーニングにはげみ県大会にそなえた。

　昭和分校は第2次世界大戦後、教育の機会均等の原則のもと、水沼、本名分校と小規模な川口高等学校に3分校が設立されたのであった。冬期となり積雪があまりにも多く、大会開催地・猪苗代まで行くまでは大変な苦労がともなった。前日に昭和村の西部に存在する集落野尻にあった当時の分校主任宅に宿泊させていただき、早朝に出発し、夕方に大会会場・猪苗代に到着するという現実だった。

　福島県体スキー（福島県総合体育大会冬期スキー競技）には、教員の部があり、小学校から高校までの教員が出場していた。私は距離競技（クロスカントリースキー）15キロ初出場であった。猪苗代小学校の裏側がスタート・ゴールとなっており、当時は積雪が現在より多かったことと、ブルトーザーで除雪することもなかったので、最終的に町内のメインストリートを滑走し、多くの町民が声援を送っていた。アルペン種目よりノルディック種目、特に距離競技に人気があっ

た。結果は第2位ということで、スキー関係初の表彰状を受け取った。

　この大会で、競技種目の中に耐久（30キロ）があり、17名もの選手が出場していることを知ることができた。日本選手権50キロの予選のようになっていた。いつの日か、この過酷な競技に出場したいと考え、トレーニングをより強化することができた。

　1958年（昭和33）1月の県体スキーには、奥会津最奥の桧枝岐村からもチームとして初参加した。1年目は成績があまりよくなかったが、しだいにテクニックを極め、やがて福島県内の強豪チームと育ってゆくことになる。桧枝岐村には群馬県の沼田方面からスキーが伝わったとされる。積雪が非常に多く、只見地方と同様日本の豪雪地帯ともいわれ、条件は整っていた。しかし、只見地方と同様地形上からアルペン種目のみ発展した。現在は、平地が割合多い南会津町の南郷地方がクロスカントリースキーのメッカのようになっている。

　この大会でも私は教員の部第2位だった。耐久（30キロ）は、トレーニング不足から出場しなかった。

　1959年（昭和34）の大会で距離の教員の部で初優勝した。そして山形県の米沢での国体スキー（国民体育大会冬期スキー競技）に出場することができた。結果は第17位だった。

この時代福島県のスキーのレベルは低く、私の順位が福島県勢で最高の順位だった。さすが国体スキーには、実力のある選手が出場していた。ほとんどの選手が体育教師で、私のような理科教師は非常にめずらしかった。優勝の喜びを知った私は、以後毎年県体スキー（教員の部）に出場し、10連勝することができた。すべて猪苗代スキー場での大会だった。国体スキーには、その後長野県（山の内）、宮城県（鳴子）、青森県（大鰐）、北海道（富良野）、富山県（大山）と計6回出場することができた。最後の2回は年齢別となり、第10位、第8位と2度入賞することができ、福島県のために貴重な得点を獲得することもできた。

　この県大会には耐久（30キロ）にも出場することができ、その後合計9回出場することができた。成績は教員の部がなく全体の順位なので優勝することができなかった。第2位が3回であった。年齢制限があり高校生は出場できなかったので高校時代に15キロに優勝した選手が次々と登場していた。

　30キロは非常に過酷な競技であり、途中エネルギー源を補給する必要があった。給食所を準備することがルール上の約束となっている。給食の時間も加算されるので、滑走しながらエネルギーを補給することが常だった。競技後の達成感には特別のものがあり、継続して出場することにもなる。県体スキーの耐久（30キロ）で優勝したら、日本選手権の50

キロに出場を計画して、トレーニングにはげんだが、ついに実現することはなかった。耐久競技は、豪雪のシーズンは役員不足から中止になることも何回かあり、福島県スキー連盟の組織の貧困さも露呈された。誠に残念なことだった。

1972年（昭和47）に札幌オリンピックが開催されたので、50キロ競技を直接見学することができた。さすが北国北海道は雪質がよく、粉雪を滑走する世界の選手はスピード感がものすごく、やはり身体的に日本人はこの種目でオリンピックで優勝することは夢のようなことであることを実感した。私自身も50キロに出場することは永遠の夢だったと認識し、福島に帰ったのであった。しかし国体スキーが年齢別となり教員の部（4部35才以上）で、力を発揮し2度入賞することができた。これはオリンピック見学の効果と思っている。スキー文化を考える1つのデータにもなろうかと自認している。

国体スキー福島県選手団（富山県・大山）

高校スキー大会

　長期間高校スキー部の顧問として高校生を指導してきたので、年代順に回顧したい。雪国の学校の枠内に閉じこもった従順な人間から個性をもった生き生きした存在に変わること、人間としての幅を広げることができるよう、スキー部活動を展開してきた。

　1959 年（昭和 34）福島県立田島高等学校勤務となった。田島（現南会津町）は、ふるさとでもあり、子供時代にスキーを楽しんだ場所で降雪もかなり多い。特に奥地ほど降雪が多く、現在はスキー場（台鞍山スキー場）が設置されている。しかし当時は高校にスキー部もなかった。さっそく生徒会係の教師と相談し、長野県の山の中にある高校の卒業生が、オリンピックの距離競技で活躍している事実など説明し山岳スキー部を設立することに成功した。春から秋までは、山に恵まれた環境を利用して、登山などで体力を養成し、冬に実地トレーニングを開始した。

　当時の田島高等学校には林業科が存在し、林業プロパーの教師が 3 人勤めていた。演習林が多く、校地内にも広大なカラマツ林などがあり、距離スキーのトレーニング場には恵まれていた。演習林の面積は四国のある農林高校についで全国

で2番目の面積をほこり、那須山系には天然ヒバ（ヒノキアスナロ）など多く、建築材としてすぐれた材でもあった。当時全校生徒は約600人、1日だけ演習林の下刈り（主としてカラマツ植林地）を実施していた。ここ2、3年急にカラマツ材が注目され高価で取引きされている。合板材として極めてすぐれており再評価されているとのことだ。

　高校スキー大会は、毎年猪苗代スキー場で開催されており、初年度はアルペン種目（大回転、回転）、ノルディック種目（距離）に選手3名で出場。しかし、いずれの種目も県予選をパスできず全国高校大会に出場することができなかった。

　次年度はアルペン種目の大回転、回転で2名が予選をパスし、新潟県の小千谷でおこなわれた全国高校大会に初出場することができた。学校周辺は丘陵地になっており、距離のトレーニングには適していたが（後年クロスカントリースキー大会が開催されている）、アルペン種目は練習する場所がなかった。旧田島町内の裏山などは、2回まがるとゴールなので生徒が困惑していた。

　最終年はアルペン種目（大回転、回転）で3名が予選をパスし青森県の大鰐で開催された大会に出場できた。内1名は桧枝岐村出身であり、その後、県立田島高等学校スキー部は南会津地方に多くのスキー場（台鞍山、南郷、高畑、高杖などアルペン用）が設置されたので、しだいに実力を発揮する

ようになってきた。今後も奥会津のスキー文化の発展を祈りたい思う。

　青森県大鰐スキー場へ向かう途中で、青森県庁学務課に勤務していた大学の友人に再会することができた。大変な就職難の時代に青森県立五所川原農林高等学校小泊分校に勤務した友人は、7年目で県庁勤務となり、スキー部の指導でどうにか全国大会に連続出場できた私とは仕事の方向が全く異なっていた。その友人は、五所川原農林高等学校の校長になり、県教育センター長、県教育長となり、最後は青森県立大学の教授となった。学生時代、卒業間近にして、3人で渋谷のコーヒー店で話しあい、10年後に再会しようと約束したもう一人の友人は、秋田県立金足農業高等学校の校長となり、同県高校野球連盟の会長として、東北高校野球大会のため来福し、私の自宅で再会しゆっくり話をすることができた。しかし現在、行方不明となっている。風のたよりでは、沖縄県に在住とのことである。真に人生いろいろと考える心境の今日である。

　1963年（昭和38）、福島県立会津高等学校に転勤した。会津高等学校は母校でもあり、特別な心情でスキー部の指導にあたった。私自身は高校時代山岳部に所属していたので山岳部の指導で、残雪の会津駒が岳での県高校山岳競技に関係したこともあったが、8年間の勤務中はスキー部の指導を継続

した。部員数が多く高校スキー競技の全種目に出場していたため、顧問教師も、アルペン部門とノルディック部門とそれぞれ独立して指導にあたった。私の関係したノルディック部門も長距離、継走、複合、飛躍とあり、複雑になっていたが、飛躍だけは県スキー連盟に指導を願い、距離関係（複合の距離を含む）は、私がすべて指導した。スキー部の先輩も時々、猪苗代での合宿に来訪し、生徒諸君に助言などしてくれた。

アルペン種目の大回転、回転とノルディック種目の複合で県大会優勝が実現したが、県高校総合優勝はついに実現しなかった。しかし総合第2位が3回実現している。だが、全国大会の種目別の予選は、毎年パスしており各地の全国大会に参加している。

私が関係した全国大会は、1964年（昭和39）の猪苗代から始まった。長野（山の内）、秋田（花輪）、北海道（小樽）、新潟（高田）、群馬（水上）、長野（飯山）、山形（米沢）と連続8年間全国大会に出場することができた。

特に1970年（昭和45）の長野県飯山で開催された継走で1走が2キロまでトップを保ち、日本一の力走を見せた。しかし最終的には32位だった。積極戦法を高く評価するとともにスピードの持続性を課題として追求してもらいたいと助言したのであった。

私は、1966年（昭和41）度から福島県スキー連盟の強化

委員に委嘱され、県全体のスキー選手の強化に力点を移すようになった。

　会津高等学校の場合、大学に進学してからもスキー部で活躍する人達も多かった。近畿大学（2部）に入学した距離選手などは、30キロで優勝するなどして、1部大学に昇格させたりもした。生涯スポーツとして追求してほしいと願っている。

　会津高等学校の「学而新聞」（第108号、昭和44年1月1日発行）に一般高校生にスキー部の紹介文「雪国文化向上をめざして」を寄せているので、その一部を次に紹介する。

　「ウインタースポーツの華、スキーを展望してみよう。競技スキーは南欧のアルプス地帯で発達したアルペン種目（滑降、大回転、回転）と北欧の丘陵地帯で発達したノルディック種目（距離、継走、複合、飛躍）とに別けられ、それぞれの歴史と伝統をもっている。日本では全く性質の異なる種目を全部消化している。会津高校スキー部も、わずか10数名で、これら全種目を消化しているわけで、選手不足は否めない。

　部創設は遠く1924年（大正13）であり、当時は、福島県内で天下無敵連続総合優勝、最後の優勝が1947年（昭和22）である。学校付近（特に西出丸など）にも、かなりの降雪が見られたことや、会津全域から生徒が集まっていたことなどが、その成績を向上させたと考えられるが、学校全体が

例えば全校スキー訓練のように、スキーを重視していたこと、日常生活にスキーが入り込み、その底辺が拡大されていたことなど、幾多の好条件を無視することはできない。

ここ数年間、大回転、回転、複合と種目別の優勝は実現したが、総合優勝はどうしても実現しない。1965 年（昭和 40）は、全種目得点で準優勝、本年 1 月も準優勝であった。

最近、札幌オリンピックの関係もあり、日本全体の競技人口の減少が問題視されているが距離王国スウェーデンなどでは、毎年世界最長の距離レース 85 キロが実施され、このレースに実に 8,400 人もの選手が参加し、優勝タイムが 4 時間 50 分位とか。このような底辺によって競技スキーは発展するわけである。日本の陸上マラソンが強いのも、これと同様に考えられる。

会津高校スキー部を、全国的なレベルにアップするためには、まず底辺の拡大をプランしなければならないであろう。会津全地域の雰囲気が重要である。

スキーは、シーズンが短期間なので、シーズンオフをどのようにトレーニングするかが、大きな問題である。部員一同は 4 月早々から計画的トレーニングを実施している。前半は筋肉の持久力を増大させるため、主としてランニングを実施、飯盛山、羽黒山、芦の牧などへのロードワーク、トラックではインターバルなど。後半部は種目的に分かれ、ウェート、

サーキットなどを実施している。他の多くの運動部と異なり競技出場は年1回だけなので全身全霊をその1本に集中しなければならない。全く苛酷な競技である。

ウインタースポーツの華といわれるだけあって一度競技スキーを経験すると、すっかりそのスキーの魔力にとりつかれるのが常である。馬鹿のように滑り、あの説明しがたいレースのあとの解放感、スキーだけは生涯続けたいと考える。そしてスキー部OBが、現在、慶応大、順天大、日体大、東工大、立教大の各スキー部で活躍しているが、彼等がスキー部活動と進学の問題を解決してくれるのではないかと期待している。

スキーこそ酷薄な北方の風土、雪国の文化向上にも貢献すると考えられる。歴史と伝統に輝くスキー部よ、頑張れ」。

1970年代、雪の多い会津から比較的雪の少ない県北地方に勤めることになった。県北地方では、高校スキーはアルペン種目だけだったので、比較的雪の多い吾妻スキー場を利用しての距離競技（クロスカントリースキー）の振興をプランした。県立福島高等学校スキー部に距離部門を創設し、さっそく春先からトレーニングを開始し、冬の大会参加の準備を開始した。学校裏側にある信夫山一周の自動車道などの利用が多かった。

県高校スキー大会の県北地区予選会では、ノルディック種

目（長距離、継走）に福島高等学校の他に出場校は皆無であり、福島高等学校は総合優勝することもできた。その後、福島北高等学校、聖光学院高等学校などもノルディック種目に出場するようになった。後に県全体の強化コーチになり、福島県のノルディック種目の発展に尽力したOBも現れた。

　新設の福島東高等学校にもスキー部を創設し、ノルディック種目の長距離と継走に出場した。県北地方は、会津の高校と比較すると実力が劣っていたが、人間教育に功することが多かったのではないかと自認している。

　高校卒業後、いろいろな機会にノルディック種目出場を話題にするOBが多いようだ。福島高等学校では、東京で同窓会の関東支部大会など開催されているが、特に継走のメンバーだったとなつかしそうに話題にするOBの名刺を見ると、明治大学法学部教授などと書いてあった。高校スキー部での大会参加が、その後の人生に好影響を与えているように思われる。単に肉体的だけでなく精神的にも望ましい人間を創っているようだ。

　最後に文武両道の精神を生かした新設高校づくりについてまめた文章を記述する。

　○ 1984 年筑波大学同窓会誌（茗渓）第 960 号　『新設高校づくりの記』

　「都市への異常な人口集中の結果、各地で新設高校づくり

がなされている。福島県に新設された高校を事例として、私自身の 27 年間教師生活の総決算を記述させていただきたい。

　県都福島市に新設された福島東高等学校の場合は、福島大学の後地利用、中学浪人の解消など、複雑な問題が関係しているが、私としては望ましい高校について考えるよい機会であった。たまたま第 1 期生の学年主任ということで、東京教育大学で教育行政に興味をもって 8 単位も修得したことなどフルに生かそうとした。

　最初の父母と教師の会総会で次のようなあいさつをした。

　東高等学校は多くの県民から期待されている。何故期待されるのか。今までの高校があまりにも知育偏重あるいは体育偏重であり、学業とスポーツの両立できる高校が望まれている。歴史と伝統が全くないわけであるが、福島県の高校約 90 年の歴史を生かした高校を考えるなら、必ず望ましい高校になることと信じます。さらに、明治以前の例えば徳川時代など考えるなら、会津藩の日新館のように、その規模と教科内容において、日本全体的にみても最高に近いものであったわけで文武両道の精神が発揮されておりました。私も過去 20 年以上、県立高校において、生物部とスキー部の指導を試み、両立できるように努力することが双方に効果のあることを知りました……長々と書いてしまったが、これが新設高校づくりの基本的考え方でなければならないと考えた。私自

身福島県内の進学名門校と自他共に認める福島高等学校に7年間、そして会津藩校日新館の伝統を受継ぐ、母校でもある会津高等学校に8年間勤務しているので、実際的なことは福島高等学校を参考に、精神的な面は会津高等学校を参考に学年づくり、学校づくりに文字通り全力を集中した。

そして3年目、進学を目指す3年生諸君には次のような言葉で激励した。

若い諸君の心に理想を求める精神を植えつけることに成功すれば、東高の教育は、最も本質的な任務を果たしたことになる。

本年3月第1回卒業生281名中、国公立大学合格者72名、私立大学合格者延162名そしていわゆる浪人は、79名であった。この数字はほぼ4名に1名が国公立合格者ということを含め、現役での進学率は、福島県立高校中最高であった。そして高校入学後の学業伸長度の大きさも県立高校中おそらく最高であろうと思われる。

真に教育とは引き出すこと、すなわちエジュケーションであることを痛感させられた。

学年づくりで、最も大切なことはチームワークであろう。各ホームルーム教師の個性が発揮できるような雰囲気づくりが大切である。教師集団の雰囲気が、生徒の雰囲気ともなってはねかえってくる。新設高校のあらゆる困難を克服するこ

とができたのである。

　そして、本年7月東高等学校野球部は、福島県内きっての野球名門校、甲子園準優勝校磐城高等学校から勝利をもぎとり、春の選抜出場校会津高等学校をも打倒することができたのである。文武両道の精神が開花したことになる。

　私個人としては、あらゆる圧力に屈せず、妥協を拒み、真実に生きようとした3年間、茗渓精神の発揮となったのである。

　少人数の学生が、塾のような人間教育を受けられた心の中の学校、東京教育大学に感謝したい」（福島県立福島東高等学校教諭）。

吾妻連峰ブナ林

高体連スキー教室

　スキーは、他の多くの体育種目に比べ、用具が高価なため、全般的にはあまり普及しなかったが、いわゆる高度経済成長期となり、高校生にも普及するようになった。スキーブーム現象から、アルペン種目用のスキー場の開発が、それに拍車をかけることになってきた。

　福島県高等学校体育連盟（高体連）でも、1980 年（昭和55）から、福島県内で最古のスキー場とされる沼尻スキー場（猪苗代）で、全県から希望者を募集してスキー教室を開催することになった。

　私は当時、クロスカントリースキーのみ持参していたが、指導者不足から講師を依頼され、県内でも積雪がほとんど見られないいわき地方の生徒、具体的に県立磐城女子高等学校（現磐城桜が丘高等学校）を担当することになった。

　アルペン種目は、1950 年代からフランス派とオーストリア派と技術が二分化されていて、それぞれ自己主張をくりかえし、オリンピック競技優勝者の技術によって普及発展していたようだ。スキー場の下部の緩傾斜は、スキーを平行にして回転するフランス派の技術が喜ばれ、スキー後半部をジャンプさせてターンするリュアード（蹴り）というフランス語

が通用していた。回転する時も、スキーは常に平行を保って美しく滑走することが求められていた。

　若い高校生は技術の習得がスムーズで、すぐにスキー場の最上部から滑走することができるようになる。その場合は制動（ブレーキ）をかけ、安全第一に下降するオーストリア派のスキーテクニックということになる。楽しそうな若者に接していると、やはりスキー文化のようなことを考えてしまうことになる。

　スキー教室は、10年間継続実施することができた。私の担当校は、年々変わり、福島県全体のスキーの様子を、よく理解することができた。やはり会津地方の高校生が、よりスムーズなスキー操作であった。高校スキー部の指導とは全く雰囲気が異なり、何か高校生の人生にほのぼのとした潤いを与えることができたように思われる。

　高体連スキー教室は、高校生の所有しているスキー用具の関係からアルペン種目のみの指導であったが、将来ノルディック種目の距離（クロスカントリー）の指導に発展させたいと考えていたので、その社会的背景など次に論述を展開したい。

　アルペン種目のスキー場開発が自然を破壊することが、しだいに話題になってきた。特に札幌オリンピック（1972年）の滑降コースである恵庭岳は、自然を復元するという約束で

コースが設定されたが、針葉樹林（エゾマツ、トドマツなど）のため復元が思うようにいかず、冬期オリンピックによる自然破壊が話題になった。札幌市は、その後2回目の冬期オリンピックを計画したが、市民の大反対を受け、アメリカのコロラド州デンバーのように中止となった。

次回、日本で開催された長野の冬期オリンピックも、滑降コースをめぐって、二転三転し、結果的に既存のコースを使用することになったが、一部貴重な自然環境（自然保護区）の場所を使用する結果となった。

福島県内でも、1970年代から1980年代のいわゆる高度経済成長期に、各地に大規模スキー場がつくられた。各スキー場の環境問題をクローズアップさせ、一部計画変更や中止に追い込むことができたが、結果的に乱立となり、スキーブームが去った現在は、経営難となっている。また、各地でその生態系破壊が問題となっている。

県都福島市では、大規模な国際的な高山スキー場を計画したが、地形的に全く無理な計画で、福島県自然保護協会など多くの地域住民の反対運動により計画は中止された。

日本で一時的にスキーがブーム状態となったのは、主としてアルペンスキーだったが、その大規模スキー場開発が自然破壊を伴うため日本全国各地で大問題となり、その反動としてノルディックスキーの距離（クロスカントリー）が注目さ

れるようになった。大森林の中に1本の小道があればよい。真に自然と調和したスキーであり、その教育的効果は、すでに実証ずみであった。

私は、クロスカントリースキーは、自然に対するインパクトが比較的少なく、幼少時から興味を示し、雪国の文化向上にも役立つなど考え続け普及に力を注いできた。

全日本学生、県体スキー、国体スキーなどに参加し、指導者として高校スキーなどに参加してきた。

現在、走法の原点でもあるクラシカル走法（古典走法）を、文化として保存しようという運動が全世界的に展開されている。

長い歴史と伝統から、合理的走法が考えられてきたのである。推進滑走、零段滑走、1段滑走、2段滑走、複合滑走など、地形と雪質によって走法に変化をつけ美しく滑走する。無駄のない走法の場合、美しい舞踊を観賞しているような感じさえする。ほとんど無条件に美しいフォームが形成される。

近年は競技スキーにも異変が起きてきた。距離スキーで、時間短縮のためスケーティング走法が流行するようになってきた。片方のスキーをキック専用に滑る変則スタイルも登場してきた。しかし、これらの走法はひざを酷使し、体力の消耗も激しい。コースも荒れる。そして全体的に無理があり優美さに欠ける。これに反し、私らが幼少時から楽しんできた

距離スキーの原典とも考えられたクラシカル走法は、全体的に無理がなく健康面ですぐれている。コースも荒れず躍動する優美さもあり、精神的充実感も期待される。

　現在、競技スキー界では、前者をフリー走法、後者をクラシカル走法として区別して、勝負を決めている。

　高体連スキー教室は10年間開催され中止になってしまったが、その後、再開の傾向は皆無で、私が特に希望していたノルディック種目のクロスカントリー中心の教室は、残念ながら現在も開催の予定はない。高校スキー部活動の中で、細々と継続されているのが現実である。

　そして、現在はクロスカントリースキーと自然観察会をドッキングしたクロスカントリースキーによる雪上自然観察会の普及発展に力を注いでいる。

スキー教室の宿舎・沼尻山荘

雪上自然観察会

　現在、雪上自然観察会は、21 世紀における理想的なフィールドワークといわれている。

　奥会津の雪深い地の出身（旧南会津郡桧沢村）のため、記憶に残っているのは、長い冬期間、ほとんど裏山や田畑の平地でスキーを楽しんでいたことだ。夕方うす暗くなるまで遊ぶのが常だった。夜方になると気温が低下し雪質が良好（粉雪）となり、快適感が増大し、よりスピード感を楽しむことができた。すっかり落葉した樹木、冬でも緑のヤドリギ、ノウサギやヤマドリなど観察することができた。そして小学校のスキー大会などに参加するようになった。

　日本における自然保護運動の高まりから、自然保護（自然保護教育）のための自然観察会がプランされることになり、冬期間の長い雪国における雪上自然観察会が急にクローズアップされるようになってきた。

　スキー技術と自然保護を結びつけ、クロスカントリスキーによる雪上自然観察会が考えられたのである。

　動物の行動を観察する恰好の場所が雪上であり、普段なかなか見ることのできない動物の行動を雪上に残された痕跡（フィールドサイン）からたどると、その生活が手に取るよ

うに分かる。ノウサギのジャンプなども見ることができるのである。植物も積雪の影響から匍匐形(ほふくけい)のものが目立ち、冬芽の防寒対策も興味ある観察項目となっている。

1982年（昭和57）3月福島県裏磐梯で、クロスカントリースキーによる雪上自然観察会が開催された。北は青森から南は熊本まで、全国から53名が参加し、動物の行動、冬の森、積雪作用などが主な研修項目だった。私は冬の森を担当し、樹形、樹皮、冬芽などをくわしく解説した。五色沼遊歩道や中瀬沼コースなどは、平坦地が多く現在も人気あるコースとなっている。

現在は、日本各地の雪国で開催されており、福島県裏磐梯は日本におけるクロスカントリースキーによる雪上自然観察会発祥の地とされている。

裏磐梯は広大で平坦地が多いため、初心者にも適したフィールドとなっている。世界的にも有名な磐梯山の水蒸気爆発による多くの「流れ山」も、1888年（明治21）の大噴火後の植物の遷移について考察する絶好の場となっている。現在猪苗代湖の唯一の島である翁島も何万年か前の「流れ山」だとされている。吾妻連峰二十平(はつかだいら)、大玉村の県民の森、尾瀬などもよく利用されてきた。

福島県内におけるクロスカントリースキーによる雪上自然観察会は、すでに連続33回（33年間）開催されてきた。多

様性に豊んだ動物のフィールドサインをたどるとその動物の行動がよく理解できることに人気があるようだ。

ノウサギの姿はよく見られるが、食痕から樹皮を多く食べていることや、後足が長いため登頂はスムーズだが下降は下手で、ころげ落ちる場合が多いこと、そして視力があまり発達していないので、大きな耳の働きをフルに活用しているなど興味深い行動を理解することができる。吾妻連峰などでは、特にツキノワグマの熊棚が目立つ。秋にブナなどに登り、実を食べる時（樹皮に爪跡がある）、枝を折って食べ終った葉のついた枝を尻に積み重ねる。落葉後、その枯れ葉のついた枝が棚のように見えるのだ。ブナの実などが好物らしい。また尾瀬などではニホンカモシカの溜ふん（排出物が1か所に山のようになっている）が多く、その繊維性から草食動物であることも明らかである。

植物も積雪の影響から、匍匐形の植物が目立つ。雪に押しつけられたハイイヌガヤ、ハイイヌツゲ、ヒメアオキ、エゾユズリハ、ユキツバキ、チシマザサなど観察でき、遺伝的に固定されてきたことが理解できる。冬芽の耐寒性も興味ある観察項目で、油状の粘液を出すトチ、毛皮のようなタムシバ、大きな鱗片のホオなど注意深く観察したい。また五色沼の毘沙門沼などの氷面でよく見られる模様の氷紋などは特に人気のある冬の現象となっている。

2011年（平成23）3月11日におきた福島県の原発事故は、多方面に悪影響を及ぼしたが、クロスカントリースキーによる雪上自然観察会の参加者も著しく減少してしまった。大変人気があり、最初全国から多くの参加があったこのイベントも、ついに中止せざるを得なかった。誠に残念な事実である。今後は個人的に雪上自然観察会を楽しみたいと思っている。

福島県における雪上観察会を、21世紀における理想的なフィールド学習と位置付け、1982年（昭和57）3月の初回から2014年（平成26）3月まで、33年間継続することができた。その間の主なデータ（観察用教材）を次に記述する。

冬の樹木観察（福島県裏磐梯）

○樹木

- 高木形
- 低木形 　ヒトの背丈が基準

- 広葉樹
- 針葉樹

- 常緑樹
- 落葉樹 　冬の観察で容易に区別

○日本の落葉樹木

夏緑林（北半球は真冬の温度較差が大、落葉樹は生育休止期の激変に耐える樹木）

○日本の落葉樹林分布

積雪（平均最深積雪）の影響大

太平洋側と日本海側

積雪50センチメートルラインを中心にミヤコザサとチシマザサが生育分布（ミヤコザサ線）

ヤブツバキクラス域 （スズタケ―ブナ群団）	ブナクラス域 （チシマザサ―ブナ群団）
少雪地	多雪地（匍匐形の植物）
シラベ ―――	オオシラビソ
カヤ ―――	チャボガヤ
イヌガヤ ―――	ハイイヌガヤ
イチイ ―――	キャラボク
アオキ ―――	ヒメアオキ
ユズリハ ―――	エゾユズリハ
モチノキ ―――	ヒメモチ
イヌツゲ ―――	ハイイヌツゲ
ヤブツバキ ―――	ユキツバキ
ミヤコザサ ―――	チシマザサ
スズタケ ―――	チマキザサ

○気候帯―寒帯（高山帯）

○亜寒帯（亜高山帯）

内陸性のところに唯一の落葉針葉樹であるカラマツが天然分布する場合あり（例：尾瀬　燧が岳）

○冷温帯（山地帯）

落葉樹林帯
×常緑針葉樹の欠如した場所では、ミズナラの変種ミヤマナラなどの低木群落が成立。
偽高山帯　雪圧が主な原因（例：飯豊山）
常緑針葉樹→低木性落葉樹林
×福島県の特殊森林（例：ブナ―ユキツバキ群集）

○落葉広葉樹林の保護と管理の重要性
種組成が針葉樹林より変化に富み、下層植生が豊かで、消費者の諸動物の暮らしに好適。雪崩の防止。クマ、カモシカ、キツネ、タヌキ（大形の哺乳類）

○裸木
樹姿、樹皮、冬芽などから、総合的に判断する。

○冬芽
諸形態の特徴から樹木名を知り、植物に興味や関心を持つ。

　次に私の出身大学（現筑波大学）の同窓会誌「茗渓」に報告したまとめの文章を報告する。

　「雪上野外観察―日本初の現地研修会実現―（1983年発行第957号）」

　「長い雪国教師の経験から、スキーの距離と自然観察を結びつけることを考え続けてきた。

　このたび、雪国での望ましい自然観察・雪上野外観察について、日本で初の現地研修会が実現したので報告する。

　たまたま財団法人日本自然保護協会で、自然観察指導員を

養成していたので、その指導員現地研修会というかたちで実現した。自然保護教育のための野外観察については、なかなか学校教育のカリキュラムの中に導入できないのが日本の実状である。社会教育（生涯学習）関係で少し考えられるようになってきた。

　自然観察指導員を養成することがプランされ、実施されてきたが、どうしても大都市中心のカリキュラムになりがちであり、約半年間も雪の中で生活する雪国の人達にとっては、この期間こそ大きな問題となる。そこで考えられたのがスキーを利用して、雪上で野外観察を実施するというプランである。スキーを競技としてではなく、野外観察の道具として利用しようということである。私としては、高校の現場で理科・生物を担当し、スキー部の顧問として活動してきた経験をフルに生かそうという試みである。

　1981 年（昭和 56）3 月、群馬県戸倉（尾瀬周辺）にて、日本自然保護協会、福島・群馬自然観察指導員連絡会主催で、全国から約 50 名の参加を得て、日本初の雪上野外観察現地研修会を開催した。

　参加者全員がスキーに乗り、昼は野外実習、夜は講義と、そのハードなスケジュールをこなすことによって、日本における望ましい雪上野外観察について、その方法論を模索した。内容は、積雪作用、雪上トラッキング、鳥の行動、冬の森な

どであり、雪上のあらゆる事物が観察材料、指導資料、教材となり得ることがはっきりした。雪上でなければ学ぶことができない貴重な体験であった。

　私も距離スキーを駆使（参加者は全員山スキー）し、主として植物関係について解説を試みた。特に冬芽、樹形、樹皮などを中心に、単に自然科学的考察のみにとどまらず、社会科学的考察、時には人文科学的考察をも加えることによって、有意義な研修会になることに努めた。雪国生活の経験からにじみ出た貴重だと思われる話題を提供した。

　1982年（昭和57）3月には、距離スキー（クロスカントリースキー）を使用しての第2回目の研修会を、福島県裏磐梯の風光明媚な場所で開催することができた。これがクロスカントリースキーによる日本初の雪上自然観察会であり、福島県裏磐梯が、日本におけるクロスカントリースキーによる雪上自然観察会発祥地となった。私は地元でもあり、まず初歩的なスキー技術の講習、裏磐梯の特異な気候風土と歴史、さらに動植物の分布状況とその自然生態系に及ぼす影響など、講師としてはりきって参加、説明することができた。

　雪国というと、何か暗いイメージがうかんでくるが、このような活動をとおして、雪国の明るいイメージをクローズアップできたらと考えている」（福島県立福島東高等学校教諭）。

次にマスコミ関係の報道を紹介する。東北6県をネット
ワークとしている河北新報（仙台市）の論壇に発表した
1997年12月5日付の「雪国のイメージ向上に」としたＰＲ
の文章を記述する。一部文章が重複するが原文を記述する。
なお、河北新報は「福島県白河以北一山三文」という屈 辱
的な考え方に反論するため誕生したと伝えられている。

「長い雪国の生活経験から、スキーの距離（今日のクロカ
ンスキー）と自然観察を結びつけることが考えられ、雪国で
の望ましい雪上自然観察会が、現在では全国各地で開催され
ている。

自然保護のための自然観察については、なかなか学校教育
カリキュラムの中に導入できないのが日本の現状で、生涯学
習関係で考えられるようになってきた。

財団法人日本自然保護協会によって、自然観察指導員を養
成することがプランされ、実施されてきたが、どうしても大
都市周辺のカリキュラムになりがちであり、約半年も雪の中
で生活する雪国の人達にとっては、この期間こそが大きな問
題となる。そこで考えられたことが、スキーを利用して、雪
上自然観察を実施するというプランである。スキーを競技と
してではなく、自然観察の道具として利用しようということ
である。

1981年（昭和56）3月、群馬県戸倉（尾瀬周辺）で、日

本自然保護協会、福島・群馬自然観察指導員連絡会主催で、全国から約50人の参加を得て、日本初の山スキーによる雪上自然観察会が開催された。

　参加者全員がスキーに乗り、昼は野外実習、夜は講義と、そのハードなスケジュールをこなすことによって、日本における望ましい雪上観察について、その方法論を模索した。内容は、積雪作用、雪上トラッキング（動物の行動）、野鳥の行動、冬の森などであり、雪上のあらゆる事物が観察材料、教材となり得ることがはっきりした。雪上でなければ学ぶことができない貴重な体験であった。

　私もクロカンスキーを駆使し、主として植物関係について解説を試みた。特に冬芽、樹形、樹皮などを中心に、単に自然科学的な考察のみにとどまらず、社会科学的考察、時には人文科学的な考察を加えることによって、有意義な研修会になるよう努めた。雪国生活の経験からにじみ出た貴重な話題を提供した。

　1982年（昭和57）3月には、第2回として、福島県裏磐梯の風光明媚な場所で開催することができた。クロカンスキーによる雪上自然観察会としては初回となる。初歩的なスキー技術の講習、裏磐梯の特異な気候風土と歴史、さらに動植物の分布状況と、その自然生態系に及ぼす影響など、講師として参加することができた。

雪国というと、何か暗いイメージが浮かんでくるが、このような活動を通して、雪国の明るいイメージをクローズアップさせることができたらと考える。雪国の観光としても利用でき、雪国の文化向上にも役立つのではないかと思われる。

　群馬県戸倉での開催は、主として山スキーを使用したが、裏磐梯からはクロカンスキーを使用することになった。参加者の多くが、より実用的なスキーを選択したのである。日本におけるクロカンスキーによる雪上自然観察会は、東北・福島県裏磐梯が、その発祥地ということになる。

　自然保護運動の有力な手段は、多々考えられるが、特に雪上自然観察会は効果が抜群である。雪という媒体が大変有効なものとなっている。来る21世紀は、水問題が地球規模の環境問題としてクローズアップされることが予想されているが、雪は重要な水資源であり、その量と質に果たす役割は、誠に甚大である。雪が環境に及ぼす多方面の影響をよく理解することができるのである。

　雪上自然観察会を力強く展開し、来る21世紀の地球規模の環境問題に対処したい」。

　最後に、日本自然保護協会の「自然保護NGO半世紀の歩み」（2002年12月）に紹介された雪上自然観察会に関する記述を記しておく。

　「雪上自然観察プログラム開発には、福島県自然保護協会

会長星一彰氏の経験とアイデアが基本となった。

　雪上に残された鳥類や哺乳類の行動の跡を探ることで『アニマルトラッキング』という言葉や、競技でないクロスカントリースキーの普及にもつながった。また何より、雪と氷による造形は美しく、発達した落葉広葉樹林の森がフィールドとし最も魅力的であるという実感を得る、最高の機会ともなった」。

雪上自然観察会（裏磐梯五色沼コース）

雪国教師の生活

　筑波大学の同窓会誌「茗渓」に雪国教師の生活について、何回か報告させていただいた。文章が前述とだぶっているところも多いが、スキー文化の一つの側面として、次に紹介する。

　○ 1963 年 1 月発行第 857 号

　また雪の季節が近づきました。私の学生時代は、一年中頭のどこかにスキーの存在する生活で、東京教育大学スキー部がなつかしく思い出されます。

　卒業してから 7 年目、やはりスキーなしの生活は考えられない状態です。

　1954 年（昭和 29）私達スキー部一行 5 名（選手 3 名、マネージャー、サブマネージャー）は北海道小樽のインカレに行きました。東京教育大学が北海道に遠征するのは珍らしいらしく、小樽市内の諸先輩に親身なお世話をいただきどうにか出場できました。しかし成績はまずく、滑降（2 部）で 36 位でした。先輩の声援が身にしみて、今後お互いに頑張ることを誓いました。

　1955 年（昭和 30）は、青森県の大鰐で大会が行われ、猪苗代（福島）で練習し乗り込みましたが、出場予定の選手が

全部事故のため、たった1人でした。入場式にはマネージャーとＯＢの2人が加わりましたが、選手1人の入場式はさびしい限りでした。高師・文理大の時代は、全国から多くの優秀選手が参加できたのでしょうが、現在は、東京都内や暖国の学生が多くなり、スキー部の前途が思いやられる大会でした。成績は長距離（2部）37位、感動し得る何物かを求めて、1人力走しました。

　学生最後の大会は、宮城県鳴子で、選手4名を確保し、堂々（？）と出場しました。平均斜度44度、長さ300メートルの壁にいどみましたが、猛吹雪のため大転倒、左足首骨裂傷全治2か月、大変な滑降ぶりでした。2部40位でした。

　卒業後も、インカレの感激感動が忘れられず、長距離で福島県体スキーに連続6回出場、国体スキーにも2回出場し、日常生活のすべてがスキーと結びつき、スキーなしの生活は考えられません。

　今年は生徒を引率して小千谷（新潟）の全国高校スキー大会に行き、茗渓会の方々（新潟、山形の保健体育課長等々）と親しく話しあう機会を持つことができ、いろいろなことを学ぶことができました。できましたら、茗渓会の人達でスキーの研究サークルをつくり、スキー文化（？）を発展させたい等と大きなことを考えています。1964年(昭和39)には、地元猪苗代（福島）で、全国高校スキー大会が開催される予定です（福島県立田島高等学校教諭）。

2月6日から4日間、全国的な雪不足に悩まされましたが、予定通り、地元猪苗代（福島）で全国高校スキー大会が開かれました。

東京教育大スキー部OBの方々を中心として、全国各地から集ってこられた茗渓の諸氏10名で、懇親の場を持つことができました。

やはり、スキー今昔についてが、話題の中心になりましたが、全国高体連スキー部顧問になっておられる方や、アルペン競技でオリンピック候補になられた方、またリレー2部で1部の大学を大きく投げてしまったメンバーなど、真にたのもしい方々ばかりでした。それにつけても昨今の母学スキー部の活躍があまりぱっとしないので、参会者一同非常に残念に思い発展を祈りました。

私自身もインカレの成績は、以前にも書きましたように極めてまずかったわけですが、卒業後、福島県体スキーに連続8回出場し、国体スキーにも3回出場させていただき、やはりスキーなしの生活は考えられない状態です。

現在の勤務校・福島県立会津高等学校は、旧制会津中学時代、県下で連続総合優勝していた、いわゆるスキーの名門校ですが、現在は大学進学の諸問題があまりにも大きなウェートをしめるため、特に距離競技などは、四季を通じてハード

なトレーニングが大切なので、どうもまずいようです。今度の全国大会でもリレーで出場し、ゼッケンの福島・会津から「白虎隊頑張れ」などと声援され、力走しましたが、32位で矢折れ力尽きた感じでした。しかし彼等が、高校卒業後も継続して距離競技を愛好し、何かスキー哲学（?）、あるいはスポーツ哲学（?）のようなものを提唱してくれるよう希望したい、望ましい人格形成の場としてもらいたいと思います。

今回の懇親会のような場を毎年持つことができ、そして共に「高校スキーと教育」の問題を話しあい、スキー発展のため努力を集中することができたらと思いました。それが酷薄な北方の風土・雪国の文化向上にも貢献するものと信じます（福島県立会津高等学校教諭）。

○ 1969年1月発行第894号

雪国教師13年目の近況を報告し、東京教育大学スキー部の発展を祈りたいと思う。

在学中3回のインカレに出場し、その時の感激感動忘れられず、スキー競技、特に距離競技に連続出場してきた。福島県体スキー12回出場、10回連続優勝、国体スキー出場4回（後年になって年齢別制度が実現し、35才以上の部に2度出場2度入賞している）。主として競技出場に重点を置いてスキーを考えてきたが、たまたま全国高校スキーや国体スキーの福島県選手団監督を務め、人を教えることに興味をもつように

なってきた。

　福島県は、雪国ではあるが、主として会津地方で、他の雪国諸県に比し、その競技スキーの底辺が狭く、特に距離競技人口は少ない。

　距離競技の世界的強国は、北欧３国といわれるが、例えばスウェーデンなどでは、毎年85キロの世界最長大会を実施し、この大会に8,400人もが参加し、優勝タイムは、4時間40分余であるとか。耐久競技（30キロ）を、いつもわずか数名で争っている福島県とは雲泥の差である。福島県スキー連盟の強化委員（強化コーチ）になったのを機会に、距離競技の底辺アップに努めたい。

　それにしても母校・東京教育大学スキー部のその後の発展ぶりはいかがなものだろうか。

　1953年（昭和28）1月に距離競技で得点（2部）してから、現在まで無得点のようだ。その距離競技も1955年（昭和30）1月の私の出場を最後にストップされている（アルペン種目では、女子選手が優勝と、マスコミが報道していた）。

　東京教育大学が15年ぶり、関東大学サッカー大会で優勝というホットニュースが伝えられ、勝因は選手自身の手でクラブを運営練習し、その計画的なつみ重ねだったという。スキー距離競技もこのようにならないだろうかと大きく夢みたことであった。

特にサッカーの成田監督は 35 才とか、若い若いと考えているうちに、こちらも 35 才である。このあたりで、雪国小地域スキーのため努力したいと考える。近代スポーツ批判などさかんであるが、まず雪国の人達にスキーの価値を認識してもらい、日常生活の中にスキーをとり入れることから考えてゆかなければならないであろう。酷薄な北方の風土・雪国の文化向上にも貢献すると思われる。

　日本では陸上のマラソンが世界的なレベルなのに、雪の上のマラソンといわれる距離競技がどうして世界的なレベルにアップされないのだろうか。競技人口こそが大きな問題であり、札幌オリンピックで、はたしてどの程度の成績を残すことができるか、全く疑問である。母校体育学部などでも冬期スポーツ、特にスキーに関するあらゆる調査研究を実施してもらいたいものである。雪国教師の大きな願いである。

　現在の勤務校・福島県立会津高等学校は、スキー部創設が 1924 年（大正 13）であり、全校スキー訓練などが実施されたりして、とにかくスキー、特に距離スキーが日常生活にとけこんでいた。その幅広い底辺にささえられ、競技スキーは、福島県下で連続総合優勝、全国大会でも好成績を残している。しかし現在では、大学進学の諸問題があまりにも大きく、思うように活動ができない。それでも、飛躍や複合などで頑張り、福島県で優勝し、国体スキーでも 14 位（飛躍）の成績

を示している。卒業生が各大学のスキー部で活躍し、インカレに出場しているので、その継続的なスキー活動に大きな期待をかけている。

とにかく、距離競技による人間形成について追求し、感応力を備えた人間を形成したいと思う。母校東京教育大学スキー部の発展を祈りつつ、雪国教師の近況報告とする（福島県立会津高等学校教諭）。

○ 1981 年 1 月発行第 948 号

本年 4 月新設高校転勤となり、東京教育大学スキー部卒業後 24 年間務めた高校スキー部顧問生活にピリオドを打つことになった。茗渓誌上に何回か紹介していただいたスキーのことについて近況を報告し、筑波大学スキー部の発展を祈りたいと思う。

距離競技 15 キロ出場は、学生時代を含めて 24 回（内国体スキー 6 回）。優勝 12 回、2 位 3 回、3 位 2 回、8 位、10 位、17 位、20 位 2 回、24 位、37 位の成績。特に福島県体スキー 10 連勝と国体スキー 2 回入賞（8 位、10 位）がうれしかった。

耐久（30 キロ）出場 9 回。2 位 3 回、4 位 3 回、5 位 2 回、7 位の成績。これはすべて福島県体スキーであり、日本選手権 50 キロ出場が夢であったが、勤務の関係から実現しなかった。永遠の夢となってしまった。以上の大会出場距離を計算すると、実に 630 キロになる。

全国高校スキー大会は、特に距離、継走、複合の3種目を指導して10回参加した。長野県飯山での大会（1970年）で、継走1走が2キロまで日本一の力走であったことが特に印象に残っている。

　その間、福島県スキー連盟の強化委員（強化コーチ）、国体スキー福島県選手団監督など務め、本年3月までは、福島県高体連スキー部理事、距離競技委員長などを務めた。

　以上、簡単に大学時代の部活動がその後の生活にいかなる影響を及ぼすか、参考までに報告させていただいた。

　ところで、今後の日本におけるスキーのあり方について考えてみよう。スキー競技には、アルペン種目とノルディック種目があるが、アルペン種目は、しだいに機械化し、スポーツとしての要素が失われつつある。さらに大規模なスキー場が、自然を破壊することで問題になってきた。

　アメリカのコロラド州デンバー市では、冬期オリンピックを「返上」した。その大きな理由の1つが自然環境の破壊と伝えられた。日本の札幌オリンピックでも恵庭岳での滑降コースの自然破壊が大問題となり、オリンピックの再誘致に失敗している。これに反し、ノルディック種目の距離競技は、機械を使わず登高も大切な1つのトレーニングである。何よりもスキー場が自然を破壊しない。森林などが多いことが望ましいコースの1つとなっている。加えてその教育的効果の

大きさをまざまざと知らされるのである。特に高校生にとって望ましい人間形成、ねばりと根性の育成に大きな効果がある。

札幌オリンピックでは、50キロの耐久競技を直接見ることができ、アマチャリズムが最も典型的に現われ、感動的な場面の連続であった。

毎年スウェーデン・ストックホルム郊外で実施されているバサ・スーパーマラソン大会（正規の陸上マラソンの約2倍、85キロの雪上マラソン。参加者1万人以上、1位4時間30分位）や、北欧諸国で国民的関心を集める人気競技50キロなどが、今後の日本のスキーに何らかの示唆を与えていると思われる。

私自身としては、現在、高校で理科（生物）を担当し、自然観察指導員養成講座（国立磐梯青年の家など）を開催し、日本における自然観察の望ましいあり方を追求している。しかし、冬期間の自然観察については、全く考えていない状態である。ここでスキーの距離と自然観察を結びつけることによって、雪国での望ましい自然観察のあり方を追求しなければならない。

日本における雪上自然観察会について、この茗渓誌上で報告できることを予告しながら終わりとする（福島県立福島東高等学校教諭）。

最後に雪国教師の典型的な生活として、福島県内で最も積雪量の多い高校、福島県立川口高等学校昭和分校（現在閉校）の３年間の生活など記述する。約６か月間、アルペンスキーやノルディックスキー（距離）を楽しむことができる。しかし、冬期間、本校のある国鉄（現在のＪＲ）会津川口駅へは約20キロ、徒歩だった。私はクロスカントリースキーで時間節約ができた。

　福島県大沼郡昭和村は山間部のため、カラムシ栽培に適しており、現在は福島県会津の昭和村として日本全国的に有名になっている。栽培の歴史は古く、帝政ロシア時代に最奥の集落（大芦）から５年契約で招かれて、栽培技術や加工技術指導をした事実などあり、日本の豪雪地帯ともいわれている。

尾瀬国立公園・会津駒が岳

ファミリースキー

　ファミリーの出発点は会津若松で1960年代だった。城西町に15坪程の小さな自宅を住宅金融公庫からの借金でたてた。土地は100坪の広大な面積だったが、地上権設定で、毎月使用料を支払っていた。

　当時の会津若松は、現在よりも積雪量が多く、トタン屋根からの雪で、前庭に小さなスキー場ができた。長女にはさっそく子供用のスキーを購入したが、主に平地滑走を楽しんでいたようだ。

　長男が誕生したので、一家4人で会津若松市内の背炙山スキー場に行くことが多かった。当時は山頂までケーブルカーが運転していて、子供達も簡単にスキー場に行くことができた。ただ4台のスキーを運搬するのが大変だった。子供達は、緩斜面を滑り降りることで満足していたようだった。

　1968年（昭和43）、第17回全国高校スキー大会に福島選手団長距離監督として出場（会津高等学校選手6名参加）、新潟県の高田で子供用の距離スキーを購入することができた。さっそく長男に距離スキーの特訓を実施した。しかし子供は、なかなか親の思うようにかゆかなかった。幸いにして会津若松市立城西小学校のスキー大会は、スキー場まで遠い

ので、校庭での平地滑走であった。息子だけ距離用スキーのため2年生と3年生で連続優勝し、賞状を受け取ることができた（4年生から福島県の県北地方に転校したため、2年連続優勝でストップしてしまった）。

　子供達が大きくなったので、遠く猪苗代スキー場や沼尻スキー場（猪苗代町）に出かけることも多くなってきたが、1971年（昭和46）4月福島県の県北地方に転勤となり、スキーをとりまく環境は全く異なってしまった。公務員の宿命で雪の少ない地方に移動してしまったのである。

　県北地方にも高湯スキー場（福島市）があり、ゴルフ場を冬期間スキー場として利用していた。子供にとっては、大きなスキー場であった。しかし、県北地方の子供達はアルペン用スキーを使用していたので、長男は1人異なったスキーのため、スキーに興味をしめさなくなってしまった。

　できたら長男が、ノルディック種目の距離に興味を持ち続け、選手として活躍できることを夢見ていたが、その夢は見事に打ちくだかれてしまった。後年、福島県立高等学校の教師になってから、体育教師達仲間とカナダやスイスに行き、アルペンスキーを楽しんでいたようだ。

　長女も、高校時代に高湯スキー場での福島県立福島女子高等学校（現橘高等学校）のスキー教室に参加したりしていた。そして後年、東京都内の私立の中・高一貫校の教師となり、

雪国でのスキー教室などに参加することができた。

　時代が変わり、現在、長男ファミリー4人は、近くの箕輪スキー場（猪苗代町）に行き、そり遊びなどに加えて、アルペン用のスキーで雪上を楽しんでいるようだ。雪のない沖縄県からの来客などを案内したこともあるとのこと。福島市から猪苗代町への土湯トンネルができたので、雪道でも福島市から簡単に行くことができるようになっている。現皇太子妃がファミリースキー時に宿泊していた整備されたホテルも健在である。

　ファミリースキーには、いろいろな困難な制約があり、理想的な展開はできなかったが、福島県のスキー文化を考える1つのデータともなれば幸いである。

親子スキー（猪苗代スキー場）

おわりに

　自然の中で人間を考える。そして自然と一体化することが、日本人の人間観の基礎でもあろう。雪の自然は、人々の夢をつくる核でもある。スキーを通して考えてみた。

　雪国新潟県の長岡（幕末に会津藩と行動をともにした反骨の精神風土で、私の父方の曾祖父は長岡藩士であった）近くの出身である良寛は、死の床で「裏を見せ表を見せて散る紅葉」という句を口ずさんだといわれる。風にすべてをまかせて無心に散ってゆく紅葉。紅葉はすべてを風にまかせることによって、たとえ泥まみれの無残な姿になろうとも、さわやかな秋風を私たちに告げてくれる。これぞ理想の境地であろう。

　私達も、人生にここちよい秋風を告げることができるよう心がけたいものだ。

　文化活動がどう展開され、享受され支えられているかは、その地域社会の心の深さと豊かさを示すと一般的に理解されている。福島県のスキー文化はどうであろうか、少し心が寒くなるような現実を認識せざるを得ないようだ。福島県内にもノルウェーのスキー博物館のようなセンター的な機能を有する施設が設置されることを期待したい。

　自然を尊び、自然の温かさにとけこみながら、心と生活を

豊かにし、地球環境時代に即応する新しいスキー文化を形成してゆきたい。

福島県自然保護協会で年6回発行している「やえはくさんしゃくなげ」(情報PR紙)

雪を楽しむ

参考文献

○星一彰（1984）『自然保護・会津』　歴史春秋社

○福島県自然保護協会編（1993）『尾瀬—自然保護運動の原点—』　東京新聞出版局

○日本自然保護協会（1993）『裏磐梯の自然観察』

○アカデミア・コンソーシアムふくしま（2012）『福島学総論』

○星一彰（2016）『福島県の自然保護の歴史』　歴史春秋社

雪景色・裏磐梯五色沼

著者略歴

星一彰（ほし・かずあき）
1933年（昭和8）福島県南会津郡桧沢村（現南会津町）生まれ。会津中学、会津高等学校、東京教育大学農学部（現筑波大学生物資源学類）卒業。福島県立高校生物学教諭38年間。現在福島県自然保護協会会長、県環境アドバイザー、県自然観察指導員連絡会代表、県中山間地域等直接支払制度評価検討会委員、県立テクノアカデミー会津非常勤講師、日本自然保護協会参与、林野庁関東森林管理局国有林森林計画等検討会委員、尾瀬保護財団評議員など。

現住所・〒960-8003 福島県福島市森合字下り6-15
TEL（Fax兼）・024-557-8265

福島県のスキー文化

2017 年 11 月 19 日　第 1 刷発行

著　者／星　一彰

発行者／阿部　隆一

発行所／歴史春秋出版株式会社
〒965-0842 福島県会津若松市門田町中野大道東8-1
TEL.0242-26-6567　　FAX.0242-27-8110

印　刷／北日本印刷株式会社

製　本／羽賀製本